AF241530

L

LA
MAISON D'ORLÉANS
HÉRITIÈRE LEGITIME
DU
TRONE D'ANGLETERRE.

LA
MAISON D'ORLÉANS

HÉRITIÈRE LÉGITIME

DU

TRONE D'ANGLETERRE.

———

Préconiser la paix à tout prix,
Saisir une bonne place au réfectoire,
Et dire toujours du bien de M. le *Prieur*.

Extrait des Maximes des saints du ca-
lendrier de *juillet*.

PARIS.

EDMOND ALBERT, ÉDITEUR,
5, Rue du Hasard-Richelieu.

—

1845.

Imp. de Hauquelin et Bautruche, r. de la Harpe, 90.

LA
MAISON D'ORLÉANS

HÉRITIÈRE LÉGITIME

DU

TRONE D'ANGLETERRE.

Ceci n'est point une œuvre de scandale. Certes ce n'est pas une œuvre de basse adulation non plus.

Permis, au reste, de croire que je soutiens un paradoxe historique très-inoffensif, ou que j'invente une sorte d'apologue dans le genre oriental, afin d'éluder maintes difficultés de circonstance. L'apologue a pris naissance en Orient, où il avait fort à faire sur cette terre classique du despotisme, du bien-être matériel et de la soumission: les lois de septembre du calife Aaroun-al-Raschid n'étaient rien moins qu'indulgentes pour tout ce qui avait trait à son autorité, et son premier visir renonçait à toute espèce de bonnes manières, quoique membre de l'académie française de Bagdad, lorsqu'il éprouvait la plus légère contrariété aux réunions générales du Divan de l'empire.

Par bonheur nous sommes loin de ces contrées reculées et de ces temps à demi barbares. Je peux en toute sûreté de liberté civile et politique, écrire sur la légitimité au-delà du détroit, en faveur du plus fort en deçà de la Manche.

J'établis le droit: je ne m'occupe nullement des voies et moyens à employer pour en restaurer l'exercice. Que si l'on me presse sur cette matière délicate, eh bien! j'indiquerai comme premier acte d'hostilité, la prise de possession du jockei-club, en attendant celle de Gibraltar ou la conquête des Grandes-Indes, sauf à ouvrir ensuite des protocoles et conférences, à la plus grande gloire de la paix universelle et des compagnies d'assurances contre les incendies.

Occupons-nous donc à mettre en lumière les documents à l'appui de ce point d'histoire: LA MAISON D'ORLÉANS EST HÉRITIÈRE LÉGITIME ET PAR ORDRE DE PRIMOGÉNITURE, DU TRONE D'ANGLETERRE; LA PRESCRIPTION N'EST POINT ACQUISE A LA MAISON D'HANOVRE, PAR SUITE D'UNE PROTESTATION FAITE EN TEMPS UTILE PAR UNE PRINCESSE DE LA FAMILLE RÉGNANTE. Voilà ma proposition : hâtons-nous de fournir les preuves.

Le bon roi Jacques, deuxième du nom, quoique fervent catholique comme chacun sait, n'était aimé ni estimé de la cour de Rome; il ne put obtenir le chapeau de cardinal pour son confesseur, le jésuite Péters. Enfin on assure qu'un prince de l'église dit en plaisantant en plein consistoire, qu'il faudrait l'excommunier au plus vite; car il allait perdre le peu de catholicisme qui restait en Angleterre. Ce qu'il y a de certain, c'est qu'il déplaisait surtout au pape Innocent XI, par sa liaison intime avec Louis XIV. Ce pape, autrichien déterminé, qui se mit à la tête de la ligue d'Augsbourg contre la France, envoya, dit-on, un million de ducats à Guillaume, prince d'Orange, pour détrôner le roi Jacques et enlever à Louis XIV son unique allié en Europe. D'où il faudrait conclure que les jésuites sont de pauvres auxiliaires, et que la cour de Rome est parfois une dangereuse ennemie.

Que si les ultramontains m'opposent la déclaration hostile et antérieure de 1682, puis certaine colonne un peu orgueilleuse érigée dans Rome en face du palais pontifical, je leur répondrai pieusement par la révocation de l'édit de Nantes, les dragonades des Cévennes et notre humble soumission à la bulle *Unigenitus*, dont certaine feuille religieuse aura sans doute la complaisance de nous entretenir au premier jour. Après la Déclaration des droits de l'homme et les Bulletins de la grande armée, et le temple du Panthéon, et le temple de la Gloire, et les dîners splendides du prince Archichancelier de l'Empire, et les fabuleux exploits de la Grande semaine, il est bon de faire quelque peu pénitence, de courber son front dans la poussière, ou de méditer le traité de la Concordance sur la paix partout et toujours, mise en regard des fortifications de la capitale.

Mais revenons au roi Jacques, fervent catholique en terre protestante, menaçant la grande aristocratie anglaise du retrait des biens ecclésiastiques que lui avait octroyés Henri VIII, mal conseillé par son puissant allié, qui lui donna le goût du prosélytisme. Tant il y eut enfin, qu'un beau jour de l'an 1688, Guillaume d'Orange débarque sur les côtes d'Angleterre avec une armée de Hollandais, ce qui prouve par parenthèse que les révolutions s'accomplissent par des armées étrangères, tout aussi bien que les contre-révolutions. Le stathouder met en fuite le roi Jacques son beau-père, et le parlement d'Angleterre, docile à l'action du plus fort, s'empresse de proclamer Guillaume III roi de la Grande Bretagne, de *France* et d'Irlande, non pas du chef de sa femme, fille de Jacques II, ni du chef de sa mère, fille de Charles Ier, mais roi de son propre chef, roi élu par acclamation générale, pour affranchir l'Angleterre du joug humiliant scus laquelle la tenait assujettie la politique de Louis XIV. Ici nous remarquons quelques nuances entre la révolution anglaise de 1688 et la révolution française de 1830.

Désormais le fait domine le droit : La guerre civile va désoler de nouveau la vieille Angleterre. Heureusement sa position exceptionnelle lui vient en aide; Louis XIV perd toute sa marine à la bataille de la Hogue, et le roi Jacques toute chance de retour sur le trône de ses aïeux. Mais que serait-il arrivé si l'Europe n'eût été séparée de l'Angleterre que par une ligne géométrique, comme nous le sommes du grand duché du Rhin?

Il faut le dire, néanmoins, Guillaume fut un prince bien remarquable : il combattit vaillamment le grand Roi dans les plaines de Flandre ; il lui suscita des ennemis sur toutes les parties du globe: Il attisa le feu de la guerre civile dans les Cévennes : il recueillit et protégea ses co-religionnaires exilés de France avec si peu d'à propos et si peu de justice ; il posa les fondements de cette prospérité et de cette puissance étonnantes auxquelles est parvenue notre éternelle rivale ; Enfin il força l'orgueilleux Louis XIV à signer la paix insignifiante de Riswick et à le reconnaître pour roi d'Angleterre. Voilà comment on efface des antécédents très-reprochables et comment on arrive grand, aux yeux du monde et de la postérité.

Cependant le Roi de France avait tenu tête à toute l'Europe coalisée contre lui: la bonté de ses troupes et l'habileté de ses généraux avaient déjoué les plans de la grande coalition fomentée par le pape Innocent XI. Louis XIV était toujours le grand Roi; il imposait encore au monde et à Guillaume d'Orange lui-même. D'un autre côté, celui-ci, en lutte perpétuelle avec le Parlement qui l'avait accepté comme un instrument de délivrance, et voilà tout; à la veille de mourir, dans la maturité de l'âge et sans héritiers directs, ne s'opposa point à l'acte fameux de 1701, qui fit rentrer la couronne dans la dynastie légitime et dans la descendance directe, mais non encore par ordre de primogéniture, les mâles par préférence, comme le veut la constitution Anglaise. C'était néanmoins un grand pas de fait vers le retour aux saines doctrines de l'hérédité. L'hérédité! ce puissant véhicule qui avait fait progresser les sociétés modernes de l'Europe occidentale, tandis que la Pologne avec sa couronne élective, restait emmaillotée dans les langes de la barbarie; l'hérédité, dis-je, qui passée de l'ordre politique dans nos lois civiles, a fait dire au législateur: *tu administreras en bon père de famille.* Or, l'hérédité, c'est la mise en action de ce principe imprescriptible : LA LÉGITIMITÉ ; légitimité de celui qui se porte héritier d'un trône ou d'un simple patrimoine; cela est indifférent.

Mon zèle pour la cause que je défends au delà de la Manche, a ralenti quelque peu la marche des évènements dont je retraçais une esquisse rapide. Hâtons-nous d'arriver à l'acte le plus important pour nous du parlement d'Angleterre.

Nous avons laissé la reine Anne assise sur le trône de ses pères, à l'exclusion de son frère le chevalier de St-Georges, reconnu si mal à propos et si hâtivement par Louis XIV, sous le nom de Jacques III, roi de la Grande-Bretagne; ce qui était en réalité une insulte à la nation anglaise et à Guillaume d'Orange en particulier. Nous avons laissé cette fière nation, indécise entre un retour d'affection pour le sang de ses anciens Rois et la conduite inqualifiable de cette malheureuse famille, s'arrêter court dans son système révolutionnaire de 1688. C'est alors que les revers de la France dans la malheureuse guerre de la Succession, et les succès prodigieux obtenus par la Coalition Européenne, exaltèrent toutes les têtes et portèrent un coup terrible à la famille déchue. En effet, en 1707, quels étaient les titres des Stuarts de la ligne directe à la confiance des peuples d'Angleterre? Ils étaient les protégés d'un vieux Roi ennemi et vaincu; ils vivaient sous la férule d'une congrégation religieuse jadis redoutable, mais dont on parle beaucoup trop aujourd'hui, et que l'on va persécuter peut-être avec le même esprit d'à-propos, qui fit révoquer l'Édit de Nantes contre les religionnaires, alors qu'ils étaient le plus soumis et le plus utiles à l'État.

Et cependant telle est la force du bon sens qui dirige les peuples d'au delà de la Manche, que le parlement se contenta de prendre une mesure de circonstance, qui laissait toutes les chances ouvertes pour un avenir plus régulier dans l'hérédité du Trône. La reine Anne n'ayant point d'enfants, les Wighs jetèrent les yeux sur toute l'Europe, pour y retrouver quelques légères parcelles de ce sang royal des Stuarts qu'ils avaient attaqué dans sa principale artère. Leur choix s'arrêta sur Georges 2ᵉ électeur d'Hanovre, sur Georges, étranger dans la Grande-Bretagne, ce qui est un grand tort aux yeux des Anglais de toutes les classes ; sur Georges qui ne parlait pas la langue de son nouveau royaume et qui professait le luthéranisme, catholicisme mitigé, di·

saient les fervents presbytériens ; enfin sur Géorges qui ne se recommandait guère par sa conduite envers sa femme et son héritier. Que de chances heureuses pour l'héritier légitime des anciens Rois !

Certes l'Oligarchie Anglaise n'aurait eu que l'embarras du choix pour un souverain nominal, dans cette foule de familles princières qui pullulent en Allemagne, et la maison de Cobourg elle-même avait déjà pignon sur rue, au temps où se consommaient de si graves évènements. Mais à part, ou plutôt malgré les observations que nous avons faites sur le successeur de la reine Anne, un motif spécial militait en faveur du fils de la princesse Sophie.

Au surplus, j'ai dit que le parlement d'Angleterre ne prenait, par ce nouveau choix, qu'une mesure de circonstance. Le grave Lemontey dans son histoire de la régence, nous en fournit une preuve irréfragable, lorsqu'il nous dit et nous prouve que le fameux duc de Marlborough, personnage si prépondérant dans le parti Wigh et dans l'opinion publique, s'empressa à l'époque de la mort de la reine Anne, d'envoyer 2000 livres sterlings au chevalier de Saint-Georges, en lui donnant en même temps l'assurance de son entier dévouement à sa cause.

Ainsi, en 1707, Georges d'Hanovre ne semblait être qu'un *en cas* assez présentable; car il descendait par les femmes de Jacques, le premier des Stuarts assis sur le trône de la Grande Bretagne. A cette époque l'Europe avait si bien compris l'élection de Georges comme un acte tendant à maintenir, tant bien que mal, la famille des Stuarts en possession de la couronne d'Angleterre, qu'Anne Marie d'Orléans, duchesse de Savoie, publia une protestation énergique, *remontrant qu'en qualité de fille d'Henriette d'Angleterre, fille et sœur des rois Charles I*er *et Charles II* (il n'y est pas question du pauvre roi Jacques), *elle était plus proche héritière de cette couronne que la princesse Sophie, dont la mère n'était que sœur de Charles I*er *et tante de Charles II.* Je rapporte les propres paroles d'un homme d'Etat de l'époque, qui a écrit des mémoires sur cette matière.

Jacques III, ou plutôt le chevalier de Saint-Georges eût pu facilement anéantir toutes ces prétentions et tous ces actes parlementaires, avec la dose la plus vulgaire de bon sens, de fermeté et de conduite : l'esprit se détourne avec chagrin à l'aspect de tant de misères, de sottises et de nullité. Non, ces gens-là n'étaient pas français.

Par la succession des temps, les choses semblent aujourd'hui avoir changé de face. La ligne principale, la ligne masculine des Stuarts s'est rompue de nos jours par la mort du cardinal d'Yorck. Enfin la couronne de Savoie ou de Sardaigne est placée dans une branche collatérale, c'est-à-dire qu'il n'existe plus d'enfants d'Anne-Marie d'Orléans, qui protesta en 1707, au grand scandale de Louis XIV et de la cour anglaise de Saint-Germain. En conséquence, la maison d'Hanovre s'est portée héritière légitime des Stuarts, en réclamant à Rome la remise des archives de la famille, que le cardinal d'Yorck avait délaissées après son décès.

Nous avons clairement démontré qu'après la révolution de 1688, le parlement d'Angleterre, revenant sur son œuvre de violence, par ses actes postérieurs de 1701 et de 1707, avait essayé de renouer la chaîne des temps; que la véritable, la haute Aristocratie Anglaise penchant pour ses Rois légitimes, ainsi que la saine partie du peuple, avait été trompée dans son attente, par l'incroyable nullité du chevalier de Saint-Georges, et que l'Aristocratie secondaire composée des Stairs, des Peterborough, des Stanhope, comme qui dirait les Beauharnais, les Lameth, les Lafayette de notre France de 89, avait fini par obtenir gain de cause, en installant la quasi-légitimité sur le trône de la Grande

Bretagne. Or, cette quasi-légitimité est devenue, dit-on, légitimité complète et réelle par la succession des temps. Et voilà précisément ce que je conteste en faveur de la branche cadette de la maison de Bourbon ; d'où il ne faudrait pourtant pas conclure que je suis pressé de la transplanter au delà de la Manche. Au reste, voici les preuves de mon assertion.

La maison d'Orléans et la maison d'Hanovre descendent également d'Elisabeth Stuart, fille de Jacques 1er, épouse de Frédéric V, électeur palatin du Rhin et roi de Bohême durant les derniers mois de l'an 1629, d'où on le nomma par dérision, en Allemagne, *Winter Kœnig*, roi d'hiver. Ce prince toujours malheureux laissa quatre enfants : son fils Charles-Louis, qui lui succéda comme Électeur Palatin, et trois filles dont deux se firent religieuses, et la troisième, la princesse Sophie, qui épousa Ernest, duc et premier Électeur d'Hanovre. Georges Ier naquit de cette princesse Sophie, qui transmit à son fils ses droits éventuels et la préférence que lui accordèrent les révolutionnaires anglais.

Mais Charles-Louis, dont nous venons de parler, était aussi un enfant d'Elisabeth Stuart, et dans ses veines coulait, selon nos idées politiques, la partie la plus noble du sang de cette princesse : C'est ici que la maison d'Orléans reprend tous ses droits.

Charles, fils de Charles-Louis, lui succéda en 1680 et mourut en 1685, sans laisser d'enfants de Wilhelmine-Ernestine, fille de Frédéric III, roi de Dane-

*marck; par où l'électorat palatin passa
dans la branche de Neubourg.*

Cependant cet Electeur Charles mort
sans postérité, avait une sœur unique,
et cette sœur nommée Elisabeth-Char-
lotte, épousa Philippe, Monsieur, duc
d'Orléans, frère puîné de Louis XIV,
duquel descendent incontestablement
les princes actuels de la branche cadette
des Bourbons. Cette Elisabeth Char-
lotte n'est rien moins que cette fameuse
Princesse Palatine, dont la correspon-
dance publiée il y a déjà nombre d'an-
nées, lutte d'intérêt avec les mémoires
de Saint-Simon : en un mot, la Princesse Palatine était petite-fille par les
mâles d'Elisabeth Stuart, de laquelle la
maison d'Hanovre tire son droit à la
couronne d'Angleterre par les femmes,

Je viens d'établir d'une manière claire et sérieuse tout à la fois, la généalogie qui précède. Certes, les droits et les souvenirs ne sont plus aujourd'hui aussi vivaces, et nous ne sommes plus au temps où le premier des Hanovriens, redoutant les chances incertaines de l'avenir, traversait de temps en temps la mer d'Allemagne, et allait déposer furtivement dans son château d'*Herrenhausen*, le produit de ses petites économies d'Angleterre, château patrimonial où il poussa le luxe et l'amour du domaine privé au point d'y établir une orangerie. Le trône de la Grande-Bretagne était chose bien chanceuse encore ; il en fut de même durant cinquante ans.

Toutefois, la maison d'Hanovre prenait possession de la couronne d'Angleterre dans des circonstances bien favorables, et dont on ne trouverait l'analogie nulle part. Elle était appelée au Trône par un acte libre du parlement, longtemps après la révolution violente de 1688 ; elle y arrivait après les guerres de la succession ; après cette glorieuse paix d'Utrech, qui mit Gibraltar, Minorque, Terre-Neuve, l'Acadie, la Baie d'Hudson au pouvoir de l'Angleterre, et un commissaire anglais en résidence dans le port de Dunkerque, qui devait être détruit et le fut en effet. Elle y arrivait précédée, il est vrai, de cette répugnance générale innée dans ces orgueilleux insulaires pour tout ce qui est étranger ; mais affranchie de ces fâcheux antécédents personnels et pour ainsi dire de famille, qui rendent l'arbitraire et les lois d'exception indispensables dans d'autres contrées.

Il y a plus encore : la maison d'Hanovre se plaça modestement à la suite
des vastes projets qu'avait conçus
l'Oligarchie anglaise après la paix d'U-
trech. Si le premier Roi de cette dynastie, incessamment préoccupé de Jacques III, du chevalier de St-Georges ;
si trop favorisé par le Régent et le cardinal Dubois, il fut dispensé de faire la
guerre, il n'en conclut pas moins le
traité de l'*Assiento* avec la cour de Ma-
drid, traité qui ouvrait au commerce
Anglais le magnifique marché des deux
Amériques espagnoles, tandis que ces
hardis spéculateurs approvisionnaient
en même temps les colonies françaises,
par un commerce interlope toléré par
le Régent et le faible ministère du car-
nal de Fleury. Il y a loin de ces hommes
entreprenants qui enrichissaient leurs

pays, à nos ignobles industriels du greffe des Ordres, ou du greffe des Faillites ou de la coulisse de la Bourse : ici c'est aux dépens des regnicoles que s'engraissent ces loups-cerviers plus ou moins français ; ici nous avons en perspective la décadence du Bas-empire, avec les trafics d'espèces des Lombards et des Israélites de cette époque.

J'ai dit que la maison d'Hanovre avait eu hâte de se faire anglaise par les intérêts et par les sentiments. *Depuis le règne d'Édouard III, la passion dominante des compatriotes de Pitt a toujours été la guerre contre la France, et il n'y a rien dont elle tienne si grand compte à son roi que d'adopter son antipathie.* Certes, depuis le règne de Georges II, depuis 1740, les luttes entre les deux peuples ont été nombreuses, on pourrait même dire incessantes jusque à la Restauration. Par malheur, les résultats de la Guerre de sept ans, et surtout des grandes guerres de la Révolution et de l'Empire, ont changé la face entière des choses dans le monde connu. Déjà, à l'époque de nos querelles pour l'indépendance américaine, l'Europe avait entrevu les vastes desseins de l'Oligarchie anglaise; car elle laissa paisiblement la vieille France encore dans son état normal, se mesurer avec avantage sur les mers avec son ancienne ennemie. Mais la révolution de 89 vint en aide aux oligarques d'au delà du détroit; plus que jamais la terre entière fut bouleversée, et l'Angleterre, heureuse du malheur général, s'empara sur tous les points du globe, des possessions qui importaient à ses vastes desseins de monopole universel et de puissance prépondérante sur les mers.

Eh bien! la Restauration, avec la paix qui en fut la conséquence, vint encore déranger les calculs de cette orgueilleuse Aristocratie. Forte de la modération que lui commandaient les circonstances; forte de ses droits antiques et du caractère de loyauté qui lui était généralement reconnu, elle était rentrée sans efforts dans le grand concert des puissances du continent, trop longtemps abusées par la magnanimité personnelle de lord Castlereagh, avisées trop tard par le suicide de ce diplomate, que le sénat d'Albion, comme le sénat de Rome, ne visait pas moins qu'à la domination universelle. Ce n'était donc plus Paris, mais Londres, qui rompait l'équilibre Européen toujours recherché et toujours mal établi. D'ailleurs la position des trois grandes puissances du continent avait changé avec les traités de 1814 et 15 : La Russie voulait et veut encore ne plus rester emprisonnée dans la Mer Noire : elle reste indignée de l'expédition anglaise dans les montagnes de l'Afghanistan, ce qui semble un défi jeté à une armée russe d'oser se risquer dans les plaines de l'Inde.

L'Autriche, devenue puissance maritime, et commerciale par la possession de Venise et des autres ports de l'Adriatique, désire la liberté complète de cette mer, et ne veut point être gênée par Corfou, ancienne dépendance des États vénitiens qui lui sont échus en partage. Elle veut être puissance industrielle et commerçante, pour s'affranchir des subsides qu'elle était dans l'habitude de recevoir de l'Angleterre, dans les guerres du continent.

Enfin la Prusse, qui voudrait s'arrondir en Allemagne et rectifier une situation géographique mal dessinée, fût-ce même aux dépens du Hanovre qu'elle a possédé jadis, la Prusse ne voit pas sans indignation l'île d'Heligoland qui commande l'embouchure de l'Elbe, restée à la paix générale au pouvoir des Anglais ; car on ne s'étonne pas assez des points importants qui sont restés en leur pouvoir, sur tous les points du globe.

L'accession de la France monarchique héréditaire, à cette ligue continentale rêvée par Napoléon, devait avoir aussi sa récompense: elle rentrait sans efforts, sans combats, dans la possession des pays situés sur la rive gauche du Rhin, dont elle a été privée par les traités de 1815. Alors la Prusse ne les considérait que comme une possession provisoire, et ne rêvait certes pas de porter ses frontières jusqu'à la Meuse, comme elle l'a dit tout haut depuis 1830.

Cependant la France, dans le grand conflit Européen qui se préparait de loin pouvait intervenir plus tard comme médiatrice, et c'est ici où la maison d'Orléans reprend tous ses droits à notre attention.

Si le lecteur a remarqué la marche progressivement sérieuse de notre œuvre, il a dû comprendre que le début tendait uniquement à se mettre en harmonie avec l'hilarité qu'a pu produire en lui le titre extraordinaire de cette brochure : l'enchaînement des faits nous a rendus plus circonspects et plus graves tout à la fois.

Par défaut d'hoirs mâles, la couronne d'Angleterre allait passer sur la tête d'une jeune Princesse qui apportait pour dot, non pas précisément à son mari, mais aux enfants qui proviendraient de son mariage, la magnifique couronne du Royaume-Uni. Il faudrait bien mal connaître l'orgueil britannique, lorsqu'il n'est pas en lutte complète avec les intérêts de son commerce et de son ambition, pour ne pas convenir que les enfants du duc d'Orléans, jeunes princes beaux, bien faits, constitutionnellement élevés au collége, avaient plus de chances qu'aucuns des autres concurrents, à la main de la princesse Victoria ; car la haute Aristocratie britannique , si méticuleuse sur le choix des alliances , ne pouvait pas avoir oublié que la branche cadette des Bourbons , ainsi que la maison d'Hanovre, descendait également d'Elisabeth Stuart , et que par ce mariage les deux descendances collatérales se trouvaient confondues.

Il s'agissait, en un mot, de la branche cadette de la royale maison de Bourbon; voilà pour l'illustration. Pour la satisfaction de l'antipathie nationale et de la politique anglaise, il restait ceci : la famille du Régent, un peu compromise dans les temps anciens par le fameux Dubois; plus compromise depuis 1789 par nombre d'actes *d'opposition* , qu'il serait peu séant et peu sage d'énoncer d'une manière plus explicite.

Partant de cette première donnée, qu'un prince de la maison d'Orléans est assis auprès, sinon sur le trône même de la Grande-Bretagne, nous admettrons ensuite l'éventualité de ses droits à la Couronne de France, dont elle n'était séparée que par un enfant de 9 à 10 ans; nous joindrons à cette chance évidente de glorieux héritage, des droits éventuels aux Couronnes d'Espagne et de Naples, et nous dirons qu'en 1829, il n'existait pas de maison princière en Europe, qui se posât dans le monde avec des avantages d'autant plus imposants, qu'ils se trouvaient appuyés sur un domaine privé d'une valeur incalculable, s'il faut en croire M. Timon. Voilà ce

que j'avais à dire de la maison d'Orléans;
on ne m'accusera certes pas de l'avoir
dénigrée. Pourquoi.... Ah! pourquoi,
l'Esope moderne a-t-il inutilement écrit
sa belle fable de la Poule aux œufs d'or?

Après cette revue rétrospective, d'où
j'ai fait jaillir les preuves les plus évi-
dentes de mon assertion première, je
pourrais croire ma tâche terminée. Toutefois, je me trouve encore préoccupé
d'une idée toute nationale, et de nature
à provoquer en moi le désir de dresser
une statistique de cette maison puissante,
dans un avenir plus ou moins éloigné.

Amelot de la Houssaye, diplomate
émérite, publiait ses souvenirs et ses
réflexions, sous la minorité du règne de
Louis XV. A la vue des querelles écla-

tantes des princes du sang et des princes légitimés, il rappelait avec intention qu'au temps de Charles VI, sous ce règne, cent fois déplorable, qui vit les Anglais maîtres de Paris, il n'existait pas moins de quarante-six princes du sang tous acharnés à la ruine de leur malheureuse patrie. J'aime à croire que nos jeunes princes constitutionnellement élevés au collége de Henri IV, ne se livreront jamais à de semblables écarts. Ainsi je repousse toute idée de rapprochement entre les faits anciens et les faits à venir; mais je retiens le chiffre M. un chiffre, c'est la propriété de celui qui dresse une statistique.

Les couronnes d'Angleterre, d'Espagne, de Naples, voire même celle de Luques et de Piombino, ne peuvent plus avoir aucun attrait pour nous ; il est pourtant nécessaire de faire une position aux branches collatérales de la nouvelle dynastie. Avant 89, dans les derniers temps de la monarchie, on y avait pourvu en souvenir du trop malheureux règne de Charles VI. Le grand Prieuré de France était un opulent Bénéfice dont la jouissance interdisait le mariage. Saint-Germain des Prés et autres riches abbayes, les Evêchés et Archevêchés dont les revenus se comptaient par centaines de mille francs, formaient une dotation confortable pour ceux des princes qu'il était convenable de vouer au célibat. Aujourd'hui un mariage tel quel, et le grade militaire de lieutenant général, forment tout l'avenir des rejetons de la dynastie ; ils doivent donc procréer beaucoup, vu les loisirs de la paix à tout prix et la rare fécondité dont est heureusement douée la famille régnante.

En admettant qu'il ne survienne que deux mâles par lignée, si aujourd'hui nous avons quinze Princes, dans 20 ans nous en aurons trente, dans 40 ans soixante, dans 60 ans cent vingt, ainsi de suite pour les temps plus reculés. Mais bornons-nous aux cent vingt princes du sang, que je suppose devoir exister dans 60 ans d'ici. Les Princes sont membres nés de la chambre des Pairs : voilà donc une chambre des Pairs héréditaire toute trouvée ; c'est un avantage.

Cependant les alliés du trône doivent se produire dans le monde avec la dignité extérieure qui convient à leur rang. Il faut marier aussi (puisque nous ne sortons pas de là) et doter en même temps, les personnes du sexe qui proviendront de tant d'alliances matrimoniales. Or, le domaine privé d'aujourd'hui, quelle que soit son opulence, s'il se trouve divisé en 120 parties, aura beaucoup perdu de l'importance que nous lui accordons. Reste donc le principe des dotations budgétaires, dont le régime monarchique constitutionnel nous a gratifiés : raisonnons conformément à cet état de choses.

Il a été posé en droit, dans plusieurs projets de loi de dotations Princières soumis à la chambre, que le chiffre de 500,000 francs annuels était le minimum de l'offrande qui pouvait être faite à un rejeton de la Dynastie. Or, 120 fois

500,000 forment tout juste la somme ronde de 60,000,000 fr. annuels.

Nous admettrons une seule personne du sexe par lignée; c'est évidemment trop peu, mais n'importe : encore soixante princesses qu'il faut doter. Le minimum déterminé pour la reine des Belges, dans un temps malheureux, où l'on sortait à peine de la révolution de 1830, ce minimum fut, comme chacun sait, d'un million de francs. Voilà donc 60,000,000 une fois payés à la vérité, qu'il faut ajouter aux 60,000,000 de dotation annuelle des hoirs mâles de la famille régnante : en tout 120,000,000 francs; plus la liste civile du roi et celle du prince héréditaire : somme totale enfin, 150,000,000 à peu près; car toutes nos statistiques démontrent qu'il naît plus de personnes du sexe que d'enfants mâles, dans notre état de civilisation tant soit peu efféminé, jeu de mots mis à part.

Dans cette perspective de nouvelles charges financières, il serait permis de rappeler un budget de 1,500,000,000 voté en déficit ; il serait permis de rappeler la dernière discussion sur la loi des douanes, où il a été établi que la balance de notre commerce extérieur est de plus en plus à notre désavantage ; que le solde de cette différence devrait donc se faire en numéraire : ce qui épuiserait bientôt le pays, qui ne possède ni mines d'or ni d'argent : que pour obvier à ce triste résultat, il a fallu maintenir le marché de la Bourse, tel que les évènements politiques l'ont fait, sans espoir d'aucune conversion , ni d'aucune réduction , parce que les spéculateurs et capitalistes étrangers, attirés par le mouvement de nos fonds publics, et le taux élevé de l'intérêt que nous leur payons, comblent momentanément le vide formé par l'infériorité de nos voies commerciales d'échange.

Il serait permis de rappeler enfin que les revenus indirects du trésor, toujours en voie de prospérité, selon M. le Ministre des finances, reposent en grande partie sur toutes les natures de droits perçus par la régie de l'enregistrement, droits alimentés par 800 faillites annuelles, dont la seule place de Paris est affectée ; ce qui réduit à la mendicité quelques milliers de familles obscures à la vérité, mais n'en baigne pas moins de larmes de sang ce produit accablant de nos impôts indirects. Ainsi 800 faillites font surgir des antres de la chicane au moins 4,000 agents d'affaires. Ces 4,000 agents d'affaires inventent au moins chacun deux procès. Calculez maintenant les droits d'enregistrement et le papier timbré de ces 8,000 procès; Mettez la main sur la conscience, Députés du centre, et dites si c'est là du commerce et de la prospérité. Or, rien dans la marche actuelle des choses de finance, ne dit que dans 60 ans d'ici elles aient pris une meilleure face; trop heureux si les nouveaux emprunts, les dettes flottantes et les événements imprévus n'ont point empiré cette situation peu rassurante, au moment même où nous écrivons ces lignes.

Cependant il faut trouver un moyen pour remplacer, au profit des collatéraux célibataires de la dynastie, les opulents Bénéfices qui leur étaient réservés dans l'ancienne monarchie. Nous ne saurions trop le répéter : des familles Princières, trop luxuriantes, causent un certain effroi aux propriétaires et aux contribuables ; elles causent aussi de l'effroi aux prolétaires qui n'ont point perdu la mémoire d'un certain comte de Charolais, lequel Prince, du reste, n'appartenait point à la famille proprement dite de Louis XIV.

Je répugne assez à les voir portés au budget de l'État, dans un chapitre plus ou moins rembourré de millions. D'un autre côté, je ne voudrais pas leur livrer une province toute entière, ainsi que cela se pratique dans l'empire de Maroc. Essayons de trouver dans le voisinage, dans notre colonie d'Afrique, un genre d'établissement en harmonie avec notre état de civilisation. Nous respecterons ainsi les traités de 1815 ; nous ne redemanderons ni les villes de Landau, Sarrelouis, Marienbourg, Philippeville et autres places de la vieille France conquises par nos armées dans les temps jadis, pour assurer nos frontières du Nord et de l'Est. Nous resterons sages en vue de la consolidation de la nouvelle dynastie, et afin d'obtenir l'approbation de MM. Dupin, Sébastiani et autres militaires d'égale réputation.

Toutefois, ce projet doit former un travail spécial ; car il ne s'agit pas moins que du rétablissement de l'ordre de Malte en Alger.

Ceci fera l'objet d'une prochaine publication.

www.ingramcontent.com/pod-product-compliance
Lightning Source LLC
Chambersburg PA
CBHW061058050726
47592CB00004B/1731